bazı [illegible] n diye n[illegible] [illegible] yoksul olmak zorunda?

Tarihi bir siyaset felsefesi

DESTEK yayınları

DESTEK MEDYA GRUBU

DESTEK YAYINLARI: 1208
FELSEFE: 16

FIDEL CASTRO / BAZI İNSANLAR VARLIKLI OLSUN DİYE NEDEN DİĞERLERİ YOKSUL OLMAK ZORUNDA?

Yayıma Hazırlayan: Zeynep Tütüncü Güngör

İmtiyaz Sahibi: Yelda Cumalıoğlu
Genel Yayın Yönetmeni: Ertürk Akşun
Yayın Koordinatörü: Özlem Esmergül
Editör: Devrim Yalkut
Kapak Tasarım: İlknur Muştu
Sayfa Düzeni: Cansu Poroy
Sosyal Medya-Grafik: Tuğçe Budak - Mesud Topal

Destek Yayınları: Ocak 2020 (3.000 Adet)
4. Baskı: Mart 2020
5. Baskı: Nisan 2020
6.-7. Baskı: Mayıs 2020
8. Baskı: Haziran 2020
Yayıncı Sertifika No. 13226

ISBN 978-605-311-740-7

Abdi İpekçi Caddesi No. 31/5 Nişantaşı/İstanbul
Tel. (0) 212 252 22 42
Faks: (0) 212 252 22 43
www.destekdukkan.com
info@destekyayinlari.com
facebook.com/DestekYayinevi
twitter.com/destekyayinlari
instagram.com/destekyayinlari

Deniz Ofset – Nazlı Koçak
Sertifika No. 40200
Maltepe Mahallesi
Hastane Yolu Sokak No. 1/6
Zeytinburnu / İstanbul

DESTEK yayınları KARAKARGA BEYAZ BAYKUŞ genç DESTEK

fidel castro

bazı insanlar varlıklı olsun diye neden diğerleri yoksul olmak zorunda?

Tarihi bir siyaset felsefesi

Yayıma Hazırlayan: Zeynep Tütüncü Güngör

DESTEK
yayınları

Önsöz

Hayatta sahip olduğumuz en değerli şeyin özgürlük olduğunu hangi sıklıkla hatırlıyoruz? Yalnızca elimizden alındığında mı? Özgürce yaşamak, özgürce nefes almak, seçmek, seçilmek, nerede istiyorsak orada olmak, işimizi, okulumuzu, arkadaşımızı tercih edebilmek, şu an kalkıp gitmek, bir sahilde yalınayak koşmak ya da bir ormanda ağaç yapraklarını izlemek... Hayatın büyük bölümü özgürlüğün bir nimeti, farkında mıyız?

Ne zaman biri tüm bu özgürlükleri elimizden almaya kalksa ya da en ufak bir müdahalede bulunsa kızılca kıyameti koparmıyor muyuz? Eğer koparmıyorsak, susup oturuyor, yavaş yavaş sahip olduğumuz hakları unutuyor ve bulunduğumuz kabın şeklini kolayca alıyorsak büyük bir yanlışın içinde olabiliriz. Birey olmanın, benliğin, insanlığın temelindedir özgürlük...

"Özgürlük ne yarım melodi ne yarım ekmek

O semada masmavi bir bulut

Varılması güç ama imkânsız değil."

Nâzım Hikmet'in yorumuyla; imkânsız değil özgürlük!

Dünyanın birçok yerinde insanlar özgürlükleri uğruna çeşitli mücadeleler veriyor. Hepimiz kendi yaşamımızda da bir mücadelenin içindeyiz aslında. Kahkahalar attığımız zaferler, düşe kalka ilerlediğimiz yollar var... Peki, düştüğümüzde yeniden aynı umutlarla kalkabiliyor muyuz? Yenilince yeniden başlayabileceğimize olan inancımız ne kadar kuvvetli?

Tarih, bağımsızlık mücadelesini kazanan toplumlarla ve halkları uğruna ölümü göze alan liderlerle yeniden yazıldı. 90 yıllık yaşamını Küba Devrimi'ne ve Küba halkına adayan devrimci lider Fidel Castro da tarihin akışını değiştirenlerden biriydi. Sosyal adalet ve bağımsızlık uğruna 1950'li yıllarda başladığı devrim mücadelesi, hayatının sonuna dek sürdü. 90 yıl... Neredeyse bir asır...

Bu kitapta Küba'nın yüzyıllar süren özgürlük savaşından Fidel Castro'nun devrimine kadar geçen zamanı ve sonrasındaki gelişmeleri inceliyoruz. Bugün dönüp baktığımızda bayıldığımız Küba, hangi süreçlerden geçti, bugüne nasıl geldi? Fidel Castro bu dönemde neler yaşadı?... Tüm bu sorulardan yola çıkarak Castro'nun hayata, özgürlüğe ve adalete bakışını; yaşanan ve bilinen bir tarihin bugüne yansımasını ele alıyoruz.

Fidel Castro'nun devrim inancındaki kararlılığı, yenilgileri, zaferleri, sosyalist bakış açısı, hayalleri ve vizyonu bize birçok mesaj veriyor. Bundan 65-70 yıl öncesindeki söylemlerinin, bugünün dünyasındaki karşılığını nasıl bulabildiğini birlikte göreceğiz. Belki de daha önceden bildiğiniz, bir yerlerden duyduğunuz ama unuttuğunuz ya da hayatınıza olan etkisini hiç sorgulamadığınız, size nasıl bir yol göstereceğini düşünmediğiniz bir hayata farklı açılardan bakacağız.

Fidel Castro'yu birlikte anlamaya çalışacağımız, keyifli bir okuma olması umuduyla...

Özgür bir geleceğe...

Her şeye rağmen umuda...

Tüm mesut günlere....

Zeynep Tütüncü Güngör

Fidel Castro Hakkında

Fidel Castro...

Tam adı ile Fidel Alejandro Castro Ruz...

O, Küba Devrimi'nin önderi, Marksist-Leninist bir devrimci. Kimilerine göre bir diktatör, kimilerine göre ise halkın kahramanı... Haki üniforması, sakalları ve purosuyla özdeşleşen bir simge...

Yarım asra yakın süre boyunca Küba Devleti'nde başbakanlık, devlet başkanlığı görevi yaptı. 1961-2011 yılları arasında Küba Komünist Partisi Birinci Sekreteri'ydi. Uluslararası alanda 6 yılı aşkın süre Bağlantısızlar Hareketi Genel Sekreterliği'ni yürüttü. Asıl mesleği ise avukatlık.

13 Ağustos 1926'da Küba'nın Holguin Eyaleti'ne bağlı Mayari kentinde dünyaya geldi. Babası, Küba'nın doğusundaki Oriente kentinde başarılı bir şekerkamışı yetiştiricisi olan İspanyol göçmeni Angel Castro Argiz'di. Annesi ise baba Argiz'in evinde aşçılık yapan Lina Ruz Gonzalez. Fidel, evlilik dışı 5 çocuktan ikincisiydi.

Katolik okullarında ve başkent Havana'daki ilahiyat okulunda öğrenim gördü. 1945-1950 yılları arasında Havana Üniversitesi'nde hukuk eğitimi aldı.

1947'de Küba Halk Partisi'ne girdi. Bir dönem avukatlık yaptıktan sonra 1952'de Temsilciler Meclisi seçimleri için Küba Halk Partisi'nden adaylığını koydu.

1953 yılında hükümete karşı yaptığı ilk ayaklanma başarısızlıkla sonuçlandı. Tutuklandı, hapis cezasına çarptırıldı.

1955'te Küba'dan ayrılarak Meksika'ya gitti. Ernesto Che Guevara ile burada tanıştı. Hayalindeki Küba Devrimi'ni gerçekleştirmek için "26 Temmuz Hareketi" adıyla bir örgüt kurdu.

1956 yılında Küba'ya dönerek devrimi gerçekleştirmeye çalıştı. Bu kez de başarılı olamayınca Sierra Maestra Dağları'na çekildi. İki yıl boyunca dağlarda hükümetin güçleriyle devrim uğruna savaşmaya devam etti.

1 Ocak 1959'da mücadelesini kazanarak Küba Devrimi'ni gerçekleştirdi. Başbakan oldu.

Devlet adamlığı süresince ülkesinde çok yönlü ve kapsamlı politikalar uyguladı, birçok reform gerçekleştirdi. Eğitim ve sağlık alanındaki yatırımlara önem verdi.

ABD hükümeti ile yıllarca siyasi çatışma yaşadı. Yaptığı reformlar ve politikaları nedeniyle ABD'nin uyguladığı ambargolar, ekonomik açıdan hükümetinin ve halkının zor zamanlar geçirmesine neden oldu. SSCB ile ilişkilerini güçlendirdi. Dış ilişkilerde uzun yıllar boyunca yalnızlık politikası izledi.

Özgür bir Küba uğruna verdiği savaş ve gerçekleştirdiği reformlar tüm dünyaya örnek oldu. Yaşarken efsaneleşti, farklı ülkelerin devrim mücadelesine de destek verdi.

31 Temmuz 2006'da, 80 yaşındayken sağlık problemleri nedeniyle yetkilerini geçici olarak başkan yardımcısı ve aynı zamanda kardeşi olan Raul Castro'ya devretti. 19 Şubat 2008'de 1976'dan beri yürüttüğü Devlet Konseyi Başkanlığı görevini bıraktığını açıkladı.

25 Kasım 2016'da, 90 yaşındayken çoklu organ yetmezliği nedeniyle hayatını kaybetti. Naaşı 27 Kasım tarihinde, vasiyeti üzerine yakıldı.

Ölümünün ardından Küba'da 9 günlük yas ilan edildi.

Fidel Castro iki evliliğinden on çocuk sahibi olmuştur.

Fidel Castro'yu
anlamak için
Küba'nın
bağımsızlık
mücadelesini
bilmek gerekir...

-I-

Devrimlerin ve devrimcilerin ülkesi: Küba...

Fidel Castro'yu anlamak için devrimlerin ve devrimcilerin ülkesi olan Küba'yı ve yüzyıllar süren bağımsızlık mücadelesini anlamak gerekiyor.

Küba ilk bakışta nostaljik otomobilleri, rengârenk evleri ve insanları, muhteşem sokakları, eşsiz sahilleriyle bir rüya ülkesi gibi görünüyor. Hele 1940'lı, 1950'li yıllardaki turizm ve eğlence cenneti haliyle bugün dahi kıskandırıyor... Dünyada insanların en fazla ziyaret etmek istediği ülkeler arasında ilk sırada. Geçmişten günümüze kadar "Dansın Ülkesi" olarak biliniyor... Puronun, neon renkli, parlak elbiseler giyen kadınların ülkesi adeta. Sanki dünyanın en mutlu insanları burada toplanmış gibi görünüyor. Küba denilince akla ilk gelen isimlerden biri kuşkusuz Fidel Castro...

Yıllar öncesinde kalmış, hiç kirlenmemiş halleriyle farklı bir dünya hissi yaşatan Küba, tarihi boyunca devrimlere ve bağımsızlık mücadelesine en güzel örneklerden biri oldu. Birçok zorlu savaştan, yoksulluktan, reformlardan geçti...

Küba, Karayip Denizi ile Kuzey Atlantik Okyanusu arasında yer alan bir ada ülkesi. Kuzeyindeki ABD ile arasında yalnızca 180 kilometrelik bir mesafe var. Batısında Meksika ve Bahamalar, güneyinde Cayman Adaları ve Jamaika, güneydoğusunda ise Haiti ve Dominik Cumhuriyeti bulunuyor. Coğrafi konumu Küba'yı stratejik açıdan oldukça önemli bir ülke haline getiriyor.

Adadaki ilk yerleşim milattan önceye dayanıyor. Ülkenin ilk sakinleri Güney Amerika'dan gelen Guanahatabey ve Siboney yerlileriydi. Sonrasında Antillerden gelen Taino'lar da adaya yerleşti. Taino'ların barışçıl bir halk olduğu ve çeşitli aletlerin yapımı konusunda ustalaştıkları, tarım faaliyetleriyle de uğraştıkları biliniyor.

Küba, 1492 yılının Ekim ayında asıl amacı Hindistan'ı keşfetmek olan İtalyan kâşif Kristof Kolomb tarafından keşfedildi. O dönemde İspanya Krallığı'nın gezi ve keşiflerini sürdürmesi için finansör olduğu Kolomb, Küba'yı bulduğunda İspanya'nın bir parçası olarak ilan etti. Küba'nın kaderini, bağımsızlık yolculuğunu ve yüzyıllar süren mücadelesini işte bu gelişme belirleyecekti belki de.

İspanya Kralı, 1511 yılında Diego de Velazquez'i adaya vali olarak atadı ve adada ilk İspanyol yerleşimini kurmak üzere görevlendirdi. Vali Velazquez, ilk başlarda yerli halk tarafından coşkuyla karşılandı. Ancak sonrasında yerli halk için sömürü zulmü kendini göstermeye başladı.

Kısa sürede sömürgecilerin baskısı, kötü yaşam koşulları, açlık ve bulaşıcı hastalıklar gibi nedenlerle Kolomb'un adayı keşfettiği dönemde çoğunluğunu Taino'ların oluşturduğu 100-200 bini aşkın yerli halkın nüfusu, 5 bin civarına düştü. İspanyollar halkı Hıristiyanlaştırmaya çalıştı. Baskının ilk tohumları çoktan ekilmeye başlanmıştı.

Bu sırada İspanyollar, Küba'nın bereketli topraklarını da fark etti. Yerli halkın azalan nüfusu ile başlayan işgücü eksikliği ülkeyi adeta köle ticaretinin merkezi haline getirdi. Afrika'dan köleler getirerek tütün ve şekerkamışı tarlalarında, altın madenlerinde, hayvancılık işlerinde çalıştırmaya başladılar. 1860'lı yıllarda köle ticaretinin sona ermesiyle ortaya çıkan işgücü açığını kapatmak için Meksika ve Çin'den sözleşmeli işçiler getirttiler. Küba'nın bugün etnik açıdan zengin bir ülke haline gelmesinin nedenlerinden biri de köle ve işçi ihracı ile ülkede yapılan savaşlardı.

19. yüzyılın sonlarında İspanya, ülkedeki halkın başlıca geçim kaynağı olan şeker üretimi ve ihracatı için gerekli sermayeyi sağlamakta yetersiz kaldı. Küba halkı şeker üretimi için İspanya'dan hem işgücü hem de

teknik destekler bekliyor ama bulamıyordu. Bu durum iki ülke arasındaki bağların zayıflamaya başlamasının ve zamanla kopmasının başlıca nedeni olacaktı.

Tam bu noktada Küba'nın coğrafi konumu nedeniyle ABD için stratejik bir öneme sahip olduğundan da bahsetmekte fayda var. Küba, ABD'ye hem güney kısımlarını hem de Orta Amerika'daki ülkeleri yönetebilme imkânı sunabilecek bir bölgede yer alıyor. Ayrıca, o dönemde ABD, şeker üretimi ve ticaretinde güç kazanıyordu. Küba, şeker ticaretinde güç kazanması konusunda ABD için müthiş bir fırsattı.

Küba, özerklik talebine cevap veremeyen İspanyollar ile 1868-1878 yılları boyunca sürecek olan On Yıl Savaşı'na girdi. Bu, ilk bağımsızlık mücadelesiydi. Savaş sonunda İspanyollar Zanjon Sözleşmesi ile siyasal ve ekonomik reform yapmayı ve Küba'ya daha fazla özerklik tanımayı kabul etti.

İspanya'nın bu vaatleri hiçbir zaman gerçekleşmedi. Ülkedeki ekonomik bunalım günden güne derinleşti. 1895-1898 yılları arasında yeni bir mücadele başladı. Fidel Castro'nun da örnek lider olarak gördüğü Kübalı şair ve gazeteci Jose Marti, sürgündeki siyasi örgütleri bir araya getirerek gerilla taktiklerine dayalı bir bağımsızlık mücadelesi başlattı.

İspanya buna karşı 200 bin askerini adaya çıkardı. Savaş sırasında Küba'nın şeker üretimi durma noktasına geldi. Bu durum İspanya ile Amerika'yı da karşı karşıya getirdi. Amerika, Havana Limanı'nda demirli olan *Maine* gemisinin batırılması gibi çeşitli bahanelerle İspanya'ya savaş açtı. Çok sayıda Kübalının öldüğü bu savaşı, aslında Küba'yı stratejik ve yönetilebilecek bir bölge olarak gören ABD kazandı.

Savaş sonunda yenilen İspanya, imzaladığı Paris Antlaşması ile yaklaşık 400 yıl boyunca sömürgesi konumunda olan Küba üzerindeki tüm iddialarından vazgeçti.

Bağımsızlık savaşı sonrasında gelen ABD işgali

Küba'nın savaş sonrasında, 1 Ocak 1899'da ilan edilen bağımsızlığı, ABD işgali altında yürürlüğe girmiş oldu. ABD, Küba'da siyasal ve ekonomik önlemler aldı, iç ve dış ilişkilerinde söz sahibi olma hakkı kazandı ve Guantanamo Koyu'nda bir deniz üssü kurabilecekti. Yüzyıllar süren İspanya sömürgesinin ardından 50 yıllık ABD yönetimi böylece başlamış oldu.

Küba, 1902 yılında bağımsızlığını tam olarak ilan etti fakat ABD'nin içişlerine karışma hakkı 1934'e kadar devam etti. 1934 yılında ABD'nin, Küba'nın içişlerine karışma hakkından feragat etmesiyle ülke, biraz olsun özerk bir yapıya kavuşmuştu. Ancak ABD'nin Küba üzerindeki etkisi, destek verdiği Küba hükümetleri ile dolaylı olarak devam etti.

1909 seçimlerini kazanan Jose Miguel Gomez döneminde sosyal adaletsizlik ve yolsuzluk üzerine kurulu bir yönetim şeklinin önü açıldı. Bu dönemde siyasal haklar ve daha insancıl iş olanakları konusunda eylemler yapan halk, sert müdahalelerle bastırıldı. Şaibeli seçimlerin de yaşandığı ve iyiden iyiye diktatörlük yönetimini benimseyen hükümetlere kalan ülkede 1920'li yıllara gelindiğinde G. M. Morales dönemi başladı. 1940 yılında ise ABD'nin desteği ile Fulgencio Batista yönetimi göreve geldi ve 1944 yılına kadar görev yaptı.

1952 yılında ikinci kez yine ABD destekli bir darbe ile göreve gelen Batista'nın yönetiminde, ülkedeki yoksulluk dayanılmaz noktaya ulaştı. Batista'nın kaba kuvvete dayalı yönetim şekli ve döneminde birçok politik muhalifin öldürülmüş olması da iktidara karşı hızla büyüyen etkin bir muhalefetin doğmasına sebep oldu.

1953 yılında Küba'nın bağımsızlık mücadelesinin baş kahramanı Fidel Castro; tarihin sahnesine çıkacaktı...

"Marksizm'i
öğrenmeden
önce ormandaki
bir geyik ya da
hiçbir şeyin farkında
olmadan dolaşan bir
insan gibiydim..."

-II-

"İşçi sınıfı bir ülkede maddi rahatlığın gerektirdiği her şeyi üretir..."

13 Ağustos 1926'da bir ABD şirketi olan United Fruit Company denetimi altındaki Mayari kentinde dünyaya gelen Fidel; orta halli bir ailede büyüdü. Evlilik dışı bir çocuktu ancak annesi ve babası daha sonradan evlenecekti. Babası, Bağımsızlık Savaşı sırasında Küba'ya gelen İspanyol askerlerden biriydi. Ülkesine geri dönmüş ama savaş sonrası yeniden Küba'ya gelerek şekerkamışı yetiştiriciliğine başlamıştı. Oriente kentinde başarılı bir çiftçiydi.

Fidel, Santiago'daki Katolik okullarında ve başkent Havana'daki Cizvit lisesi Belen İlahiyat Okulu'nda öğrenim gördü. İyi Katolik okullarında eğitim görmüş olmasına rağmen daha sonraları ateist olduğunu sıklıkla dile getirecekti. 1945-1950 yılları arasında Havana Üniversitesi'nde hukuk eğitimi aldı.

Okul yıllarında son derece başarılı bir öğrenciydi. Bütün kitapları ezberleyecek kadar kuvvetli olan ezber yeteneğiyle öğretmenlerini şaşırtıyordu. Lise döneminde coğrafya, tarih ve münazara gibi alanlarla ilgilendi ancak derslerinden çok spora olan tutkusuna yöneldi. Beyzbol konusunda oldukça başarılıydı.

"Sınıf arkadaşlarım sönük köylü çocuklarıydı. Okula yalınayak geliyor, kötü elbiseler giyiyorlardı. Çok yoksullardı ve geç öğreniyorlardı. Zeki olsalar bile bir süre sonra okuldan ayrılmak zorunda kalıyorlardı..."

Yıllar sonra kaleme aldığı satırlarda okul arkadaşları ile ilgili bu yorumu yapacaktı. Fidel'in okul hayatında gördüğü bu izler ve tanıklık ettiği dönem; Küba Devrimi sonrasındaki yaptığı eğitim reformlarına da yansıyacaktı.

"İşçi sınıfı yaratıcıdır, bir ülkede maddi rahatlığın gerektirdiği her şeyi üretir. İşçi sınıfı; iktidarda olmadığı ve iktidarın sömürücü toprak sahiplerinin, haksız kazanç sağlayanların, tekellerin, menfaatçilerin elinde kalmasına müsaade ettiği sürece fakir bir hayat sürmeye mahkûm olacaktır..."

Fidel'in gençliği, yoksul bir kent olan Mayari'de geçti. Doğduğu çiftlikte çoğu Afrika kökenli olan, göçmen işçilerin çocuklarıyla bir arada büyüdü. Bir bakıma zenginliği de yoksulluğu da küçük yaştan itibaren gördü. Çocukluğundan itibaren işçi sınıfının hayatına yakından tanıklık etti. Belki de bu yüzden yönetimi boyunca işçi sınıfına ve tüm emekçilere çeşitli haklar tanınmasına yönelik reformlara imza attı.

İşçi sınıfı ile olan yakınlığı Küba Devrimi'ni gerçekleştirmesinde de etkili oldu. Bu sınıfın iktidarda olması gerektiğini, aksi takdirde yoksul bir hayat süreceğini bu sözleriyle anlattı.

İşçi sınıfı hâlâ yaratıcı bir sınıf. Sanayi devrimine, günümüz teknolojisine rağmen işçiler üretim çarkındaki en önemli dişli olmaya devam ediyor. Yapay zekâ, akıllı teknolojiler ve robotlar gibi birçok dijital gelişme hayatımızın içine girdi. Bu teknolojiler iş dünyasında da artık fazlasıyla kullanılıyor.

Zaman zaman teknolojinin gelişmesiyle tehdit altında olduğu iddia edilen meslek grupları açıklanıyor. Bazı sektörlerde insanların yerini robot işçilerin aldığı ya da yakın gelecekte alacağı konuşuluyor. Var olan teknolojik imkânlarda henüz işçi sınıfının yani çalışan insanların gerçekliği, duygu temalı iletişim metodu kullanılamıyor. İş yapış biçimlerinde teknik ve yöntem son derece belirleyici olsa da bazı mesleklerde insani ilişkiler, duygular, empati, temas, müşterileri memnun etmeye yönelik bir yöntem geliştirilmesi gibi insani faktörler hâlâ büyük bir öneme sahip.

Günümüzde robot teknolojisi ameliyat bile yapabiliyor. Ancak sonuç itibariyle yapay zekâ teknolojili bir makineden bahsediyoruz. İşçi sınıfı azmi, çalışkanlığı, çözüm odaklı yaklaşımı, kurduğu insani ilişkileri ile bambaşka bir güç olarak hâlâ insanlık için üretmeye devam ediyor.

İşçi sınıfının kazancı tıpkı geçmişte olduğu gibi bugün de emeğini karşılamıyor. İşçiler bugün de patronları son model arabalara binebilsin diye ter akıtıyor. Düşük ücret politikası ve yoğun işgücü nedeniyle sömürülmeye devam eden işçiler, sermayenin sömürü odağındaki en gözde güç! Fidel, işte bu sınıf üzerinden haksız kazanç sağlayanları ve çıkar gruplarını eleştiriyor. İşçi sınıfının bu gruplar altında ezilmemesi gerekliliğini savunarak iktidarı hak ettiklerini vurguluyor...

"Talebeler ve askerler de ülkenin savunulmasında görev aldıkları için birer emekçidirler. Öğretmenler öğreten, doktorlar da hastaları tedavi eden emekçilerdir. Sosyalist devlet; emekçilerin, kol ve beyin işçilerinin devletidir."

Emekçinin tanımını yaptığı sırada işte bu sözleri söyleyen Fidel, ülkenin savunmasında görev alan herkesi emekçi ilan ediyor. Yaşadığı ülke için, dünya için emek veren herkes emekçidir. Alınterini kas ya da beyin gücüyle damlatan bir işçi de, ülkesi için savaşan bir asker de, başarıya ulaşmak için çabalayan öğrenci de, iyi bir çocuk yetiştirmek için koşuşturan anne de bir emekçidir... Emek kelimesinin tarihte çoğunlukla sömürüyle, sermayeyle anılmasının nedeni ise karşılığını bulamamış olmasından. Daha iyi, daha güzel bir dünya uğruna canını dişine takarak çalışmanın bedelini hangi ücret ödeyebilir ki?

"Marksizm'i öğrenmeseydik Küba'da bir devrim yapma fikrine sahip olamazdık..."

Fidel, üniversite döneminde ilk kez öğrenci aktivizmi ile tanıştı. Bağımsızlık ve demokrasi üzerine çalışan komitelerde yer aldı. Üniversite Öğrencileri Federasyonu başkanlığı yaptı, grevler organize etti. Hayatının büyük kısmını aktif siyasetin içerisinde geçirdi.

Öğrenci aktivizmi ile başlayan idealist yaklaşımı üniversite hayatı boyunca sürdü. 1947 yılında Dominik Cumhuriyeti'nde Rafael Trujillo'nun sağcı askeri cuntasına karşı başarısız bir devrimci harekete ve 1948 yılında Bogota'daki kent ayaklanmalarına katıldı.

Sonrasında yolsuzluklara olan karşıtlığı ile bilinen Küba Halk Partisi'ne dahil oldu. Bu sırada evlendi... 1949'da ilk oğlu dünyaya geldi. Hukuk eğitimini tamamlayınca 2 sene avukatlık yaptı. Ama devrim inancı ruhuna işlemişti bir kere... Politikadan ve protestolardan uzak kalmadı.

1952 yılında Temsilciler Meclisi seçimleri için Küba Halk Partisi'nden adaylığını koyan Fidel'in parlamentoya girmesine kesin gözüyle bakılıyordu. Ancak o dönemde hükümeti deviren ülkenin eski başkanlarından General Fulgencio Batista, 82 gün kala seçimlerin iptal olmasına sebep oldu.

Yıllar sonra ABD'nin de desteğini alarak hükümeti deviren ve yeniden göreve gelen Batista; siyasi partileri ve üniversiteleri kapattı. Hükümete karşı yaptığı askeri darbe sonrasında tüm gücü eline almıştı. Bu dönemde tüm anayasal haklar askıya alındı, halka yapılan baskı şiddetlendi. Artık Küba'da demokrasiden söz etmek çok zordu.

Yükselen işsizlik oranı ve gitgide daha fazla dışa bağımlı hale gelen ekonomi ile yoksul nüfus arttı. Tarım ve hayvancılık önemli gelir kaynağıyken turizm, mafya, fuhuş ve kumarhane işletmeciliği de yaygınlaşmaya başladı. Ülke adeta yangın yeriydi.

"Ben Marksist-Leninist'im ve hayatımın bitimine kadar da böyle kalacağım..."

Fidel Castro yaşamı boyunca inandığı ideolojiyi savundu ve bu ideolojisini yönetim şekline de yansıttı. Aslına bakarsanız Fidel'i hükümete karşı devrim yapmaya iten kuvvet de işte bu ideolojiydi... Marksizm-Leninizm...

1920'li yıllarda popülerlik kazanan ve adını Karl Marx ile Vladimir Lenin'den alan Marksizm-Leninizm ideolojisi; Fidel'in benimsediği düşüncenin temelini oluşturuyor. Karl Marx, Friendrich Engels ve Vladamir Lenin okumalarıyla Marksizm'e olan yakınlığı başlayan Fidel, Küba halkının sorunlarını burjuva diktası ve kapitalizmle bağdaştırarak tek çözümün işçi sınıfının yapacağı devrim olduğunu savundu hep.

"Toplumun ne demek olduğunu bana Marksizm öğretti. Marksizm'i öğrenmeden önce ormandaki bir geyik ya da hiçbir şeyin farkında olmadan dolaşan bir insan gibiydim. Kuzey, güney, doğu, batı neresi anlayamayan bir adam gibiydim. Eğer ki; sınıf mücadelesinin kökeni tam olarak bilmiyorsan veya toplumun zenginler ve yoksullar diye ayrıldığından haberdar değilsen, hiçbir şey bilmiyorsun ve ormanda kaybolmuşsun demektir. Marksizm'den toplumun ve bireyin ne olduğunu öğrendim. Marx ve Lenin olmadan yolumu bulamazdım, onlar benim pusulamdır.

Marksizm'i öğrenmeseydik asla Küba'da bir devrim yapma fikrine sahip olamazdık."

Yaşamını Küba Devrimi'ne adamış bir lider... Bu uğurda cezalandırılmış, savaşmak zorunda kalmış ve birçok zorlukla mücadele etmiş... Tüm bunların özünde yer alan bir düşünce... Fidel bu sözleriyle işte bu düşüncesine olan bağlılığını anlatıyor bize. Bu ideolojiyi öğrenmemiş olsa devrim fikrini tasarlayamayacağını da açıkça belirtiyor.

"Ormandaki bir geyik" benzetmesi ne kadar da doğru... Toplumu ve insanı tam anlamıyla çözümleyebilmek için bazı ideolojilere ihtiyaç var. Hayata dümdüz bakarak, hiçbir şey hakkında fikir sahibi olmadan yaşamak biraz da kaybolmaktır aslında. Sonuçta düşünebilmek biz insanların sahip olduğu bir ayrıcalık. Sonsuzluğa doğru uzanan, ne zaman ve nerede çıkışa ulaşacağımızı bilmediğimiz ağaçlarla dolu bu ormanda yürüyüp giderken, hâlâ hayatı yaşayabiliyorken kaybolmamak ve yolumuzu bulabilmek için hepimizin bazı pusulalara ihtiyacı var...

Fidel'in benimsediği ve özünde kapitalizm, emperyalizm ve faşizme karşı olan bu ideolojide sınıfsız bir toplum esas alınıyor. Tıpkı 90 yıllık yaşamında sergilediği devrimci ruh ve yarattığı Küba'da olduğu gibi...

Marksizm-Leninizm özel mülkiyete dayalı üretimin ortadan kalkmasını savunuyor. Toplumsal üretim alanlarının ve özellikle büyük ölçekli işletmelerin özel teşebbüslere ait olmasına karşı çıkarak küçük işletmelerin korunmasını gerekli görüyor.

Söylediği gibi hayatı boyunca Marksist-Leninist olarak kaldı ve bu ideolojisinden hiç ödün vermedi. İktidara geldiğinde bu ideoloji doğrultusunda birçok reform yaparak Küba'yı adeta baştan yarattı.

"Hırsızlık ideolojisine son verirseniz,
savaş ideolojisi de ortadan kalkar..."

"Fikirler büyük kitleleri ikna edebilmişse, silahlara gerek duymaz..."

-III-

"Siz beni mahkûm edebilirsiniz; ancak tarih benim haklı olduğumu kanıtlayacaktır!"

Fidel Castro, 1952 yılında askeri darbe ile iktidarı ele geçiren Batista'nın suçlarını sıraladığı bir gazete yazısında "Batista 100 yıla mahkûm edilmelidir!" başlığını attı. Halk tarafından desteklenmeye başladı. Batista'nın diktatörlüğünü yıkmak üzere kurduğu grupla 26 Temmuz 1953 tarihinde bir ayaklanma başlattı. Santiago'daki Moncada Kışlası'na yaklaşık 200 kişiyle baskın düzenledi. Bozguna uğradı.

Karşılaştıkları müdahale sonrasında yol arkadaşlarının büyük çoğunluğu hükümet tarafından öldürüldü. Bir kısmı da hapse atıldı. Fidel de hapse atılanlar arasındaydı. Başarısızlığı ve yenilgiyi ilk kez tadıyordu...

Tutuklu kaldığı süre boyunca oldukça zor günler geçirdi. Hakkında hazırlanan iddianameyi bile okumasına izin verilmedi. Birçok olumsuzluğa rağmen savunmasını hazırlayan Fidel, 16 Ekim 1953'te, halka kapalı olarak yapılan ve 24 yıl hapis cezasıyla yargılandığı Küba Yüksek Mahkemesi'nde o tarihi savunmasını gerçekleştirdi. Mesleği nedeniyle diğer arkadaşlarının savunmasını da o yapacaktı.

Hapishanede maruz kaldığı kötü muameleden, planladığı baskından, ölümcül bir hata yaptıklarından ve yanlış sokağa girdiklerinden, başarılı olsalar neler yapacaklarından, Küba halkı için tasarladığı ülkeden bahsetti. Batista hükümetinin yasadışı bir hükümet olduğunu ve kanunsuz bir iktidara karşı her vatandaşın ayaklanma hakkı olduğunu savundu.

"Siz beni mahkûm edebilirsiniz; ancak tarih benim haklı olduğumu kanıtlayacaktır!"

Dört saat süren savunmasının ardından yargıca söylediği bu sözleri Fidel'in dik duruşunu, inancını ve kararlılığını nasıl da ortaya koyuyor... Böylesine zor bir zamanda dahi geleceğe umutla bakıyor, mücadelesinden vazgeçmiyor.

Bugün yaşadığımız en ufak sorunlarda bile her şeyden vazgeçiyor, başarıya ulaşma yolundaki tüm çabalarımızı bir anda unutuyor ve mücadeleyi bir kenara bırakıyoruz. Çoğu zaman geleceğe olan inancımızı kaybediyoruz. Fidel, bundan neredeyse 70 yıl öncesinde kendimize ve geleceğe inanmak konusunda büyük bir ders verdi bize.

İşte bu sözler hukuk tarihine geçen önemli savunmalar arasında yer alıyor, bu sözler Fidel'in Küba halkının gözünde bir kahramana dönüşmesinin ilk kıvılcımlarını yakıyor. Devrimin adım adım yaklaştığı o günlerde cesur savaşçı Fidel, mahkûmiyetten korkmadığını ve bir gün haklılığının ortaya çıkacağına olan inancını bu sözleriyle vurguluyor.

Fidel hazırladığı bu savunma metninin çoğaltılarak insanlara ulaştırılabilmesi için de çaba gösterdi. Kendini ve amaçlarını halka anlatmak istedi. On binlerce kopyaya ulaşan bu metin, daha sonra Fidel tarafından yeniden kaleme alınarak devrimin en önemli belgelerinden biri haline geldi.

Dönemin tüm karanlığına rağmen tarihin aydınlık geleceğini görmüştü aslında. Onu ve devrimini hâlâ yargılayanlar olsa da bugün Fidel'in haklılığı 11 milyonu aşan Küba halkı ve dünyanın büyük çoğunluğunca hissediliyor.

Batista'nın zalimliğine karşı halkın büyüyen tepkisi ve Fidel'e olan sempatinin artması davanın yargıçları üzerinde de baskı oluşturdu. Mahkeme, bu savunmasının ardından Fidel'i 16 yıl hapis cezasına mahkûm etti. Jeventud Adası'nda 21 ay hapis yattıktan sonra Batista'nın siyasi suçlulara yönelik çıkardığı af ile cezası sonra erdi.

"Fikirler, silahlara gerek duymaz..."

"Hayatını kaybeden dostlarım için yaşadığım fikri beni avutuyor. Başkaları da benim için hayatta kalmaya devam edecek. Bu yüzden ölümü umursamıyorum..."

Batista'ya karşı ilk girişiminin ardından hapse atıldığında hayatını kaybeden yoldaşları için böyle demişti Fidel... Birçok dostunu kaybeden, onların yasını dahi tutamayan genç Fidel artık tüm yoldaşları için mücadeleye devam ediyordu. Kendisinin ardından da bu mücadelenin süreceğini, fikirlerini benimseyen birilerinin bu uğurda yaşamaya ve savaşmaya devam edeceğini biliyordu.

"Eğer fikirler büyük kitleleri ikna edebilmişse, silahlara gerek duymaz..."

Neden gerek duysun ki zaten? Silahlara hiçbir şekilde gerek duyulmayacak bir dünya çok daha yaşanılır olmaz mıydı? Korku ile karışık bir kuvveti çağrıştırıyor silahlar... Ve baskıyı... Silahların herhangi bir konuda ikna etme yetisi realiteden gelmiyor olsa gerek.

Aslına bakarsanız mücadelesinde silahları kullanmaktan çekinmeyen bir liderin bu sözü, ilk anda biraz şaşırtıcı gelebilir. Ama Fidel, bu sözü ile bizi farklı bir noktadan bakmaya yönlendiriyor.

Düşünün ki bir fikriniz, inandığınız, savunduğunuz bir doğrunuz var. Bu fikriniz arkadaş çevrenizi, sınıfınızı, ailenizi, çalıştığınız şirketinizi, girdiğiniz bir topluluğu ya da dahil olduğunuz herhangi bir "büyük kitle"yi ikna ediyor, o kitle tarafından doğru bulunuyor, kabul görüyor... Böyle bir ortamda kitleye baskı uygular mısınız? Fikrinizin doğruluğunu savunmak ya da onları ikna etmek için güç sarf eder misiniz?

Tabii ki hayır.

Çünkü tam da Fidel'in söylediği gibidir. Büyük kitleleri ikna eden ya da kitleye fayda sağlayabilecek olan fikirler, silahlara hiçbir zaman gerek duymaz. Zorla güzellik olmayacağı gibi zaten herkes tarafından beğenilmiş ve benimsenmiş bir fikir için ekstra çaba harcamanıza gerek kalmaz. O halde kendisi neden silahlı mücadeleye gerek duydu?

Yoksa fikirleri büyük kitleleri etkileyecek kadar kuvvetli değil miydi?

Devrim sonrasında halkın Fidel'e olan teslimiyetine ve büyük coşkusuna bakılırsa bu pek de olası değil gibi görünüyor.

Fikri kuvvetli olmasına rağmen ikna kabiliyetinde zayıflık olabilir mi?

Tarih Fidel'i etkileyici bir lider olarak yazıyor. Konuşmalarıyla halkı etkisi altına alıp ikna edebiliyordu. İyi bir konuşmacıydı ve yeri geldiğinde bakışlarıyla bile ikna edebilen bir yapısı vardı. Saatlerce süren konuşmaları adeta insanların üzerinde büyülü bir etki bırakıyordu. Kaç kişiye hitap ettiğinin hiçbir önemi yoktu ikna edici olabilmek için...

Bu noktada dönemin şartlarını iyi değerlendirmek gerekiyor. Fidel'in karşısında Batista gibi kanlı bir diktatörün olması, demokratik yollarla hakkını savunamayacağı düşüncesi ya da öldürülen muhalifler gibi etkenler belki de onun silahlı mücadelesini en iyi açıklayan sebeplerden...

Şunu da unutmamak gerekiyor ki; elbette tek bir doğru yoktur, topluma fayda sağlayacak düşünceler arasında birden fazla doğru yol bulunabilir. Ancak burada fikrin tutarlılığı, hizmet ettiği amacı gibi birçok farklı etken söz konusu. Fikrin ifade ediliş biçimi de kritik noktalardan biri.

Sırf kendinizi ifade edemediğiniz için haksızlıklara uğradığınız olmadı mı? Ya da "Keşke fikrimi savunurken daha cesur olsaydım!" veya "Keşke onu da söyleseydim!" dediğiniz... Bu noktada gerek günlük hayattaki bireysel iletişimlerden gerekse büyük topluluklar karşısında yaptığımız hitabetin gücünden de bahsedebiliriz. Fidel'in hitabet yöntemi çok etkiliydi. Kendisini her zaman büyük topluluklar önünde iyi ifade edebildi. Fikirlerinin arkasında oldu.

Fidel dinamik konuşması, alçakgönüllülüğü ve özgüvenli tavırlarıyla dikkat çeken bir liderdi. Fikirleri önce Kübalıların büyük çoğunluğunu, sonrasında ise bilinirliği arttıkça insanlığın büyük çoğunluğunu yani büyük kitleleri ikna etti.

"Kadınları iyi eğitim almış toplumların hayatlarının çok daha rahat olması tesadüf değildir..."

"Ben, bir parça
ekmeğe bile
sahip olamayan
tüm dünya
çocuklarının adına
konuşuyorum..."

-IV-

"Dostum; sen zırdelisin!"

Başarısızlığa uğrayan ayaklanma girişiminin ardından gelen hapis günleri Fidel'i vazgeçirmedi. Afla serbest kaldıktan sonra kardeşi Raul Castro ile birlikte Meksika'ya gitti. Aslında bu bir sürgündü. Batista'nın baskısı onları gitmeye zorlamıştı. Meksika'daki günlerinde Raul, Marksist-Leninist bir doktor olan Arjantinli devrimci Ernesto Che Guevara ile arkadaş oldu. Fidel ile Guevara da böylece tanışmış oldu. Fidel, Che'ye Küba Devrimi hayalinden bahsetti. Fidel'in Meksika sürgünü yıllarında Che Guevara'nın da Meksika'da olması Küba Devrimi'nin önünü açmış oldu.

Birlikte devrim hakkında çalışmalar yapmaya başladılar. "26 Temmuz Hareketi" isimli yeni bir örgüt kurdu. Örgüt gerilla eğitimi alıyordu. Fidel'in tek amacı

Che ile birlikte Küba'ya yeniden dönmek ve Batista hükümetinin zulmüne son vermek, hayallerindeki Küba'yı baştan yaratmaktı.

Fidel o günlerde Che'ye, *"Benimle birlikte Küba'ya gelip devrim yapacak mısın?"* diye sordu.

Che, *"Sen biraz delisin! Evet, geleceğim seninle ama bir şartım olacak; Küba Devrimi'ni yaptıktan sonra tüm Latin Amerika'da ve sonrasında tüm dünyada yapacağız bu devrimi"* dedi.

"Ben azıcık deliyim dostum; ama sen zırdelisin!"

Fidel Che'ye böyle cevap verdi. Tarih bu ikiliyi hep bir arada yazdı. Fidel ve Che'nin düşünceleri, ideolojileri Küba'ya devrimi getirdi. Che ile aralarında geçen bu diyalog Fidel'in yegâne amacının Küba Devrimi olduğunu ortaya koyuyor. Belki de bir farkındalık... Dönemin şartlarında Küba Devrimi'ni gerçekleştirmek bile oldukça zorken Fidel, tüm dünyayı değiştiremeyeceğinin farkındaydı. Ancak yıllar sonra Küba hükümeti, devrim mücadelesindeki ülkelere askeri yardımlarını ve manevi desteğini esirgemeyecekti.

Bir yandan delilik de en güzel cesarettir! Kendine güvenmek, cesur olmak şimdiye kadar açmaya korktuğumuz kapıları aralama fırsatı doğurabilir. Kapıyı açmadan bilemeyiz arkasındakini...

Aslında gerçeklikten kopmadan hedefe ulaşmak bazen zor olabilir. Hep daha fazlasını istiyoruz değil mi? Toplumun en küçük birimindeki düzelmeleri daha sonrasında toplumun tamamına yaymak, hatta tüm insanlığa, tüm dünyaya yaymak ne güzel olurdu. Bazen isteklerimiz ya da hayallerimiz bizi gerçeklikten koparabilir, hedefe ulaşmamızı zorlaştırabilir. Belki de ihtiyacımız olan; küçük adımlarla odanın içerisinde dolaşmaya başlamak ama farkındalığı kaybetmemek ve geleceğe inanmak. Sonrasında o adımlarla sokağa çıkmak, şehri, ülkeyi dolaşmak ve belki de tüm dünyada koşmayı sürdürmek...

Bazı insanlar varlıklı olsun diye neden diğerleri yoksul olmak zorunda?

"Bizler insanlığın hakları üzerine de konuşmalıyız. Bazıları gösterişli arabalara binebilsin diye neden diğer insanlar çıplak ayak yürümek zorunda? Bazıları 70 yıl yaşasın diye neden diğer insanlar 35 yıl yaşamak zorunda? Bazı insanlar varlıklı olsun diye neden diğerleri yoksul olmak zorunda? Ben, bir parça ekmeğe bile sahip olamayan tüm dünya çocuklarının adına konuşuyorum..."

Fidel, çocuklara seslendiği bir konuşmasında onlara sosyalizmi böyle anlattı...

Evet, geçmişten günümüze politikacıların büyük çoğunluğu, insan hakları üzerine konuştu. Hatta bazıları insan haklarını önemsemedi bile, gününü kurtardı, kendi idealleri ve çıkarları dışında bir şey düşünmedi, yerini sağlamlaştırdı...

Peki kim, ne kadar dile getirdi bunu? Çoğu politikacının söylemlerinde yer bulamayan, önemsenmeyen insan hakları ne oldu?

Hiç!

Halkların mutluluğu, hakları, geleceği ne kadar önemseniyor? Politikada insana ne kadar değer veriliyor? Bugün bunların çoğunu sorguluyoruz. Ve cevap bulamıyoruz. Zengin ve yoksul sınıf hâlâ oldukça belirgin. Sınıflar arası uçurum dünyanın her yerinde günden güne büyüyor.

Eşitlikten söz etmek çok zor. Üstelik bugün bakıldığında ne yazık ki sınıflaşma sadece zenginler ve fakirler arasında değil. İnsanlar her bir düşünce yapısı, her bir siyasi görüş, her bir yaşam biçimi, her bir din, öğrenim farklılıkları, memleket, statü, unvan ve daha birçok şey için sınıflara ayrılmış durumda. Teknoloji bile sınıflara ayırmıyor mu bizi?

İnsanlar kullandıkları cep telefonlarını, sosyal medya hesaplarını, bu hesaplardaki gönderilerini, bilgisayarlarını, akıllı saatlerini yarıştırmıyor mu birbirleriyle? Bunlar için dahi sınıf ayrımları başladı ve belki de önümüzdeki yüzyıllar içinde farklılıklar artacak ve bizi ayrıştıran sınıflar daha da çoğalmaya devam edecek...

Bir parça ekmeğe sahip olamayan onca çocuk varken...

Dünya üzerindeki savaşlar, ekonomi politikaları, siyasi iktidarlar ve yoksulluk gibi nedenlerle bugün birçok ülkede, milyonlarca çocuk, yaşlarına uygun olmayan kötü koşullarda büyüyor. Açlıkla, susuzlukla, acıyla, olumsuz çevre faktörleriyle ve yetersiz sağlık imkânlarıyla sınanıyor.

Cenevre Çocuk Hakları Bildirisi, Birleşmiş Milletler Çocuk Hakları Bildirisi gibi metinlerde belirtilmiş olan çocuk haklarına rağmen dünya üzerindeki milyonlarca çocuk bu haklardan yararlanamıyor. İnsan hakları hiçe sayılıyor.

Geçmişte Fidel'in sesi olduğu o çocuklar bugün hâlâ var. İnsan hakları önemsenmediği, eşitlik ve adalet uğruna savaşılmadığı sürece de olmaya devam edecekler...

"Biz yenilgiden
sonra kalkar
tekrar deneriz,
ama diktatörler
yenilirse
bu onların
bitimi olur!"

-V-

"Bir kez daha devrim yapacak olsaydım yanıma sadece 10-15 kişi alırdım..."

Fidel'in tek ideali Küba Devrimi'ydi. 2 Aralık 1956'da Granma isimli yatıyla, kardeşi Raul Castro, Ernesto Che Guevara ve 26 Temmuz Hareketi isimli örgütteki diğer yoldaşlarıyla birlikte Meksika'dan Küba'ya çıkarma yaptığında ölmeyi ya da kahraman olmayı aklına koymuştu. Toplamda 82 kişiydiler. Batista, Fidel'in devrim girişimini bastırmak için çok sert ve kanlı bir savunma gerçekleştirdi. Ordu devrimcileri bastırarak dağıttı.

Bir kez daha başarısızlığa uğrayan Fidel, birçok arkadaşını çatışmada kaybetti. Bu kanlı mücadelenin ardından kardeşi Raul Castro ve Ernesto Che Guevara'nın da aralarında bulunduğu 12 arkadaşıyla birlikte Oriente kentinin güneybatısındaki Sierra Maestra Dağları'na çıktı. Artık gerilla taktiği ile hükümete karşı gelecekti. Asıl mücadele belki de şimdi başlıyordu...

Küba halkı da ikiye bölünmüş durumdaydı. Bir yandan gerillaların sayısı artıyor bir yandan da Batista rejiminin uyguladığı baskı şiddetleniyordu.

"Harekete 82 kişiyle başladım, eğer bir kez daha devrim yapacak olsaydım yanıma sadece 10-15 kişi alırdım. Amacınız belliyse ve yanınızda sadık adamlar varsa kaç kişi olduğunuzun bir önemi yok..."

Fidel bir kez daha devrim yapmaya kalksa yanına 10-15 kişi almak konusunda sadakate vurgu yapıyor. Belki de bunun nedeni 82 kişilik grupta bir sadakatsizlik görmüş olması ihtimalinden kaynaklanıyor olabilir...

Bazı kişiler grup çalışmasında başarıya daha iyi odaklanırken bazıları bireysel çalışmada daha belirgin başarılar sergileyebiliyor. Bu elbette bir tercih, alışkanlık ya da kişilik özelliği...

Ama baktığımızda çoğu zaman en iyi planlar, en iyi organizasyonlar gerçekten en az sayıyla yapılanlar olur. Kişi sayısı arttıkça fikir birliğine varılmakta zorlanılır. Her kafadan ayrı bir ses çıkar... Biz de bunu günlük hayatın birçok noktasında yaşamıyor muyuz?

Düşünsenize; iş toplantıları, sınıflar, okul aile birlikleri, toplu taşıma araçları, kalabalık aileler, arkadaş grupları, doğum günü partileri, düğün organizasyonları... Hatta ve hatta cenazeler! Günlük hayatın içinde dahil olduğumuz bu kalabalık gruplar içerisinde herkesin mutlu olabildiğini ya da memnun kalabildiğini gördünüz mü?

Pek sanmıyorum...

Her şey iyi gidiyor olsa bile mutlaka biri ya da birileri şikâyetçidir, memnuniyetsizdir, birbiriyle aynı fikirde değildir. Bu gibi ortamlarda hareket imkânı kısıtlanır. "Haydi gidelim" dediğinizde beşi gelse üçü gelmez, işi vardır, yorgundur, motivasyonu yoktur...

Yola çıkarken yanınızda kimin ya da kimlerin olduğu o yolculuğun nasıl geçeceğini baştan belirler. Fikirlerinizin uyuştuğu, birbirinize karşı sadakatle bağlı olduğunuz bir yol arkadaşı sizi birçok anlamda mutlu edebilir, yolculuğun iyi geçmesini sağlayabilir. Belki etrafınızdaki yüzlerce kişi içerisinde en doğru karar odur! Size o yüzlerce kişinin bile yokluğunu aratmaz, tek başına dev bir kadro gibidir yol boyunca...

Hem bir düşünsenize; size sadık olmayan yüzlerce insan olsa bile onlarla ne kadar yol alabilirsiniz ki? Dağılıp dökülmeler, kopmalar bir yerde mutlaka başlayacaktır. Kaç kişi olduğunuzun ne önemi var? Kalabalık bir yalnızlıktansa belki de bir avuç insanla mutluluğu bulabilirsiniz...

En basitinden bir arkadaşınızla buluşacağınızı hayal edin. Tarih, saat, yer belirlediniz ve bitti. Buluşmak için sorun çıkma ihtimali yok gibi görünüyor. Bir de dört kişilik arkadaş grubunuzla buluşacağınızı düşünün Dört kişi için de en uygun bir günün belirlenmesi, dört kişi için de uygun olacak saatin belirlenmesi, dört kişiye en uygun ortak bir buluşma yerinin seçilmesi... Sizce de yorucu değil mi? Tüm bunlar belirlenmiş olsa bile bu içerisinde yaşadığımız karmaşık dünyada, bu kargaşada, şehir hayatında sorun çıkma ihtimali bir hayli yükseliyor.

10 kişilik bir kurs sınıfı ile 80 kişilik bir amfide ders dinlemek odaklanmak açısından aynı etkide olabilir mi?

Fakat şunu da unutmamak gerekiyor ki; aslında bireysel çalışma yerine grup çalışmasında daha fazla başarıya yatkın olan biri hayatın farklı alanlarında bir avantaj elde ediyor olabilir. Öğrenim hayatında, iş hayatında ya da gündelik yaşantıda zaman zaman grup çalışmaları yapmak gerekebiliyor. Bu çalışmaların amacı kişiler arası paylaşımı ve dayanışmayı artırmak ya da farklı fikirlere de açık olmayı öğrenmekten geçiyor. Her şeyden önce topluma uyum konusunda grup ile hareket edebilmenin önemi bir kez daha ortaya çıkabiliyor.

Tıpkı Fidel'in de dediği gibi zaten belirlenmiş bir planınız varsa onu gerçekleştirmek için kaç kişi olduğunuzun bir önemi yok. Tek başınıza da olsanız, yüzlerce kişi de olsanız planı zamanında uygulayarak ve çok fazla çalışarak başarıya ulaşmak mümkün.

"Biz yenilgiden sonra kalkar tekrar deneriz..."

Ufak kazalar, büyük felaketlerden ya da gündelik başarısızlıklar, bir hayata mal olabilecek hatalardan çok daha iyidir.

Bugün başaramadığınızı yarın başarabilirsiniz. Ufak bir hatayı telafi edebilirsiniz. İnandığınız bir güç varsa, o sizin yanınızda olacaktır. Neyse ki bir diktatör değilsiniz, henüz bir ülkeyi uçuruma sürüklemediniz, bir halkı sömürmeye kalkmadınız, onları öldürmediniz...

"Biz yenilgiden sonra kalkar tekrar deneriz, ama diktatörler yenilirse bu onların bitimi olur!..."

Diktatörler tarih boyunca genellikle halkları sömüren, kanlı bir iz bırakan, demokrasiyi hiçe sayan ve maalesef topluma ve tarihe acı hatıralar bırakan liderler olmuştur. Fidel de Küba halkına zulmeden bir diktatöre, Batista'ya karşı verdiği mücadeleyi işte bu sözlerle anlatıyor.

Fidel'in yenilgiden çekinmediğini, haklılığının ve dik duruşunun bir gün başarıyla sonuçlanacağına olan inancını yaşamı boyunca görüyoruz. Bu sözü de bu inancını vurguluyor ve aslında insanlığa önemli bir cesaret örneği sunuyor.

Biz böyle düşünebiliyor muyuz? Hayatta bizi altüst eden, yıkan tüm olumsuzluklara karşı dik durabiliyor muyuz? Yenilsek de bir gün başaracağımızı, yeniden ayağa kalkabileceğimizi, belki de bu uğurda daha fazla çaba göstermemiz gerektiğini düşünüyor muyuz?

Düşünmeliyiz, inanmalıyız.

Elbette bir diktanın yıkılması bir devrin de kapanması anlamına geliyor. Fidel'in bir avuç insanla başladığı bu mücadelesi ile diktatörün ABD destekli sınırsız gücü bir olamayacak kadar farklılık içeriyor. Bu sözün ardından gelen günlere bakıldığında Fidel'in sözünün doğruluğu da ortaya çıkıyor. Devrim girişimi başarısızlıklarla sonuçlansa da yılmayarak mücadelesini sürdürüyor ve yeniden, yeniden ayağa kalkıp denemeye devam ediyor. Batista ise yıkılışının ardından bir daha kalkamayacak kadar güç kaybederek ülkeyi terk ediyor...

*"Düşmanın sana
bir ödül vermişse
sende bir
puştluk olabilir!"*

-VI-

"Her türlü diktatöre ve diktatörlüğe karşıyız, anafikrimiz her zaman bu olacak..."

Batista yönetimine karşı kalkıştığı devrimde yenilgiye uğrayarak geride kalan 12 yoldaşıyla Sierra Maestra Dağları'na çıkan Fidel Castro, mücadelesini sürdürüyordu.

İki yıl boyunca Batista'nın emrindeki kuvvetlerle savaştı. Zaman zaman kritik bölgelerde saldırılar düzenledi. Gerilla taktiğiyle Batista'nın ordusunu oldukça yıprattı. Ordu, sayıca devrim kuvvetlerinden ciddi şekilde üstündü ancak Fidel'in devrim inancıyla yanıp tutuşan yoldaşlarına kıyasla eğitimsiz ve tutkusuz bir orduydu.

Siyasi desteğini ve gücünü yavaş yavaş kaybeden Batista, 31 Aralık 1958'de Dominik Cumhuriyeti'ne kaçtı, Fidel ise bu sıralarda halkın desteğini ve takdirini görmüştü. İki zorlu yılın ardından artık kazanmıştı. Yönetim ve iktidar ondaydı.

1 Ocak 1959'da Batista hükümetini devirerek Havana'ya bir lider olarak giren Fidel; halkın büyük çoğunluğu tarafından ilk kez görülüyordu ve coşkuyla karşılandı. Yaşamının dönüm noktası işte burasıydı. Küba kırsalında başlayan devrim mücadelesi sonucunda artık ülkenin yönetimini ele geçirmişti. 50 yıllık mutlak hâkimiyeti bugün başlamıştı. 8 Ocak 1959'da büyük bir kalabalığa yaptığı konuşma sırasında bir anda omzuna konan beyaz güvercin, halkın Fidel'i artık Tanrı'nın elçisi olarak görmesini sağladı.

Fidel Castro bugünden itibaren Küba halkının gözünde bir özgürlük savaşçısı, dünyanın gözünde ise devrimin sembolü halini alacaktı...

Fidel başbakan, Doktor Manuel Urrutia Leo devlet başkanı olmuştu. Kardeşi Raul Castro, yoldaşı Che Guevara ve diğer silah arkadaşları da çeşitli bakanlıklarda göreve başladı.

Bir röportaj sırasında Fidel'e "Kumandan Castro, neden bir devrime öncülük ediyorsunuz?" diye sorulmuştu.

"Ülkemin legal hükümeti, Batista liderliğindeki ordu tarafından indirildiği için bir devrime öncülük ediyorum.

Küba halkının hükümetini tercih edeceği genel seçimden 82 gün önce Batista, kanlı bir diktatörlük kurdu. Ülkemde legal hükümeti tekrar kurmak ve bu diktatörlüğe son vermek için savaşıyorum."

Fidel'in yanıtı ortadaydı... Darbeye devrimle karşılık veriyordu. Kimilerine göre bir diktatörlüğe son vermek için aslında kendi diktasını uyguluyordu. Ve bahsettiği legal hükümeti kurma düşüncesini, öncülük ettiği devrimi yapmasının ardından uzun süre hatırlamayacaktı.

"Biz her türlü diktatöre ve diktatörlüğe karşıyız, anafikrimiz her zaman bu olacak..."

Fidel hayatı boyunca bir kesim tarafından diktatörlükle suçlandı. Uygulamaya koyduğu düzenlemeler halkın bir kısmının tepkisini çekiyordu. Özellikle Sierra Maestra Dağları'ndayken gerçekleştirdiği eylemler ve devrim sonrası Batista yanlılarının infazı Fidel'in uzun süre eleştirilmesine neden olacaktı.

Sosyalist düşüncesini ilk yıllarda gizledi. Kısa süre içerisinde seçime gidileceğini söylüyordu ama bunlar doğru çıkmadı. Devrimin üzerinden geçen bir yılın sonrasında kapitalist düzenin yerini yavaş yavaş sosyalist bir düzen almaya başlamıştı.

Halkın gözünde üniforması, sakalları ve purosu ile karizmatik bir lidere dönüşürken tüm dünyaya da kendini tanıtmaya başlayan Fidel, bu röportajın yapıldığı sıralarda henüz 31 yaşındaydı. Küba halkını özgürlüğüne kavuşturmak için ölümüne savaşacağını söylüyordu.

Böylesine inanmışlık, böylesine kararlılık gösterilen bir hedefte başarısız olmak zor gibi görünüyor. Fidel'in mücadelesi bize özgürlüğün ve demokrasinin ne kadar değerli olduğunu hatırlatmıyor mu? Özgürlüğünü yıllar sonra kazanmış bir ülkede seçme ve seçilme hakkınızın bir dikta ile elinizden alındığını düşündüğünüzde ne hissediyorsunuz? Bu diktatör Batista da olabilir, Fidel de...

Savunma geliştirdiğiniz bir düşünceye dönüştüğünüz oldu mu hiç? Size kötülük eden birine karşı hırslanarak siz de ona düşmanlık besleyebilir ve benzer bir kötülük yapmış olabilirsiniz. Aslında hiç de tasvip etmediğiniz bir davranışı, bulunduğunuz anın ve kuvvetli duyguların size vermiş olduğu yoğun hisse kapılarak tekrarlamış hatta belki de aynısını yapmış olabilirsiniz. Bu, dikkat edilmesi gereken ince bir çizgidir.

"Düşmanın sana bir ödül vermişse sende bir puştluk olabilir!"

Düşmandan ödül almak mı? Bu, gerçekleşme ihtimali oldukça az olan bir durum. Düşmandan yalnızca düşmanlık beklenir. Ödül de nereden çıktı?

Eğer düşmanınızın size elinde ödül olarak getirdiği şey beyaz bayrak değilse gerçekten bu durumda bir gariplik var. Dostunuzla bile dostluk etmekte zorlandığınız insani durumlar, hayat şartları varken düşmandan gelecek ödül korkutucu.

Gerçekten puştluğu kendimizde mi arasak? Fidel'in bu sözü güvenilir olmayan bir kişiliğe vurgu yapıyor. Ne kadar güvenilir biriyiz? Dün bizi düşman olarak gören biri bugün yere göğe sığdıramıyor, hakkımızda methiyeler düzüyorsa sorun bizdedir. Fikirlerimizde ya da davranışlarımızda tam tersi bir rota çizmeye başlamış olabiliriz.

Dostlukta da düşmanlıkta da sabit bir çizgi, kararlılık, en azından değişmeyen bir rota belirlemek gerekiyor. Özellikle politikada belirlenen yol haritasının sık değiştirilmesi tutarsızlığa yol açabilir. Ülkeler arasındaki diplomatik ilişkilerde yapılacak bir değişim ya da belirlenen politikalarda sürekli değişikliğe gidilmesi bazen halkları bile etkileyebilir ve tutarsız bir politika izlenimi yaratarak itibar kaybına neden olabilir.

Fakat bugünkü dünya düzeninde ve diplomaside ülkeler arası ilişkilerin seviyesine bakıldığında; sık sık değişen söylemler, müttefiklerin her gün yeniden şekillenmesi gibi durumlar artık normalleşmeye başladı. Bu durum belki de söylemlerinin ya da politikalarının değişmesinden halkın, ülke itibarının ne kadar etkileneceğini umursamayan hükümetler ve apolitik yaklaşımlar sergileyerek yaşadığı ülkede ne olup bittiğini umursamayan, olanların kendisini nasıl etkilendiğini düşünmeyen, sorgulamayan toplumlardan kaynaklanıyor.

"Devrimden daha önemlisi olamaz, insanlığın diyalektik gerçeği devrimdir!"

"Herkesin
aynı haklara
sahip olduğu
yeni bir ülke ve
yeni bir toplum
için savaşmaya
devam edeceğiz..."

-VII-

"Siyasi felsefemiz demokrasi ve sosyal adalet..."

Yarım asra yakın yönetimi süresince ülkesinde çok yönlü ve kapsamlı politikalar uygulayan Fidel; devrim mücadelesine başladığı yıllardan beri aynı ideali savundu:

"Siyasi felsefemiz, iyi planlanmış bir finans şemsiyesi altında demokrasi ve sosyal adalet..."

Hayalindeki Küba'yı baştan yaratmak ve toplumun eşitliğini sağlamak amacıyla çalışmalara başlayan Fidel; reformlarını uygulamaya başladı. İlk etapta tüm arazileri, toprakları, işyerlerini, Amerikan yatırımları da dahil olmak üzere kamulaştırdı. Fabrikalar, özel işyerleri, hastaneler devlet kontrolüne girdi. Küba'da birçok yatırımı bulunan ABD bu durumdan bir hayli etkilendi.

"Kapitalist bir toplumda eşitlikten söz edilemez. Sömürülenler ile sömürücüler bir olamaz. Bağımsızlık ve eşitlik kavramına dayanan demokrasinin gelişmesi için ihtiyaç duyulan koşullar sadece komünist toplumlarda bulunur..."

Fidel, ezilen ve sömürülen halkların yanında, sömürgelerin karşısında durdu. Bir ülkede sosyal adaletin sağlanması için öncelikle sınıf kavramının ortadan kalkması gerekiyor. Eğer bir işçi ile patronu aynı kazancı sağlayamıyorsa ya da kentteki zengin bir ailenin çocuğu ile köydeki yoksul ailenin çocuğu aynı eğitimi alamıyor, zengin ailelerin çocukları özel okullar ve kurslar, gelişimlerini artıracak çeşitli olanaklarla yetiştiriliyorsa burada adaletten bahsetmek mümkün olabilir mi? Demokrasinin temel dayanağı olan özgürlük ve eşitliğin yalnızca komünist toplumlarda olabileceğini söylüyor Fidel...

"Halkın sınıf ayrımı yıkılmadığı sürece eğitim alanında yapılacaklar bir işe yaramayacaktır. Çünkü facianın kökeni oradadır. Buna inanmamın sebebi bir teori değil, yaşamış olduğum gerçeklerdir. İstediği okulda öğrenim gören yoksul bir köylü çocuğu, ailesinin sınırlamasıyla yine başarısızlıkla karşılaşır."

Tam bu noktada Fidel'in hapishanede kaleme aldığı bu sözlerini hatırlamakta da fayda var... Kendi eğitim hayatını da göz önünde bulundurarak yaptığı bu çıkarım, Fidel'i eğitim alanındaki reformlara itti.

Elbette kendimizi her şartta geliştirmeye odaklanmalıyız, yeterli imkâna sahip olamasak bile hayata bir yerden tutunabiliriz. Öğrenmek ve kendini geliştirmek tüm imkânsızlıklara rağmen bir şekilde gerçekleştirilebilir aslında. Fidel'in bahsettiği ayrım zengin-fakir ayrımından ziyade; insanların ekonomik durumlarının temel düşüncelerini, yaşayış şekillerini ve hedeflerini nasıl etkilediğiyle ilgili olmalı.

Belki eşit şartları yakalayamasak da eğitim ve öğrenim alanındaki gelişimimizi, sahip olduğumuz olanaklar çerçevesinde sürdürebiliriz. Ancak bu, sınıf ayrımını ortadan kaldırabilecek ve eşitliği sağlayabilecek bir gerçeklik değil.

"Mühendis olan bir genç, traktörle tarlada çalışmaya devam etmek zorunda olan gençten üç kat daha fazla kazanıyorsa bu durum adil olmaz. Öncelikle gelir eşitsizliğini ortadan kaldırmaya çalışacağız..."

Fidel'in eşitlik konusundaki bakış açısını işte bu sözlerinden de anlayabiliyoruz.

Zaman zaman kazançlarımızı mukayese ediyoruz. En iyi şartlarda yetişmiş, en iyi eğitimleri almış, tüm yeterliliğe sahip, donanımlı, meslek sahibi ve tecrübeli bireyler bile bazen asgari bir maaş ile, asgari şekilde yaşamını sürdürmeye çalışıyor. Yeterli donanıma sahip olmayan, gerekli eğitimi almamış birileri, sadece sahip olduğu çevre ilişkileriyle çok iyi kademelere gelip çok iyi kazançlar sağlayabiliyor ne yazık ki...

Elbette hepimiz insan olarak eşit şartlara sahibiz ve hepimiz aynıyız. Ama kapitalist toplumlarda ve yeni dünya düzeninde bu eşitlikten söz edilmesi pek de olağan değil. Gelir dağılımı adaletsizliği dünyanın birçok yerinde ve tüm meslek gruplarında fazlasıyla belirgin. Keşke "taksimetre" gibi bir emek ölçüm cihazımız, "emekmetre"miz olsaydı değil mi? O zaman emeğimizin tam karşılığını alabilir ve gelir adaletsizliğini ortadan kaldırabilirdik...

"Halk devrime karşı yüksek bir ahlaki şuur, son derece ortak bir tavır gösterdi. Bunu en fazla gençlerde gördük. Amacımızın gençliğin düşüncelerinde yer etmesine ehemmiyet veriyoruz. Yüksekokul öğrencilerini tarımda ve okullarda çalıştırmaya başladık, çocuklara da üretime dayalı hafif işler veriyoruz.

Çalışma, yalnızca bireysel ihtiyaçları doyurma aracı değil, toplumun ihtiyaçlarını gidermek konusunda bir araç olmalı. Dünyanın çoğu yerinde bu bir ütopyaymış gibi görülebilir."

Gençlere ve onların fikirlerine son derece önem veren Fidel, devrim sonrasında, 1968 yılında yaptığı bir görüşmesinde bunları aktardı. Halkın devrim karşısında takındığı tavrı ve reformlarının işlerliğini takip etmeyi hep sürdürdü.

Ne ütopya hem de... Evet yaşadığımız ülke ve dünya uğruna yaptığımız birçok çalışma var. Özellikle bilim insanları bu konuda son derece önemli bir temsilci. Hayatlarını bilime adayarak insanlığın gelişimini sağlıyorlar. Doktorlar, öğretmenler, askerler, hukukçular, gazeteciler... Bazı meslek gruplarının gerçekten toplum için verdiği emek çok kıymetli. Fakat günün sonunda Fidel'in Küba'sında ya da herhangi bir sosyalist ülkede yaşamıyorsak ve gerçek anlamda geleceğe yön veren bir meslek icra etmiyorsak ay başında cebimize girecek parayı hesaplamaktan kendimizi alamayız.

Dünyanın sayılı ülkesinde bize ütopya gibi görünen bu gerçeklik yaşanıyor. Ancak biz kazanç odaklı bir düzende, bireysel ihtiyaçlar ya da bireysel bir tatmin için çalışıyoruz. Bunu inkâr edemeyiz.

"Yeni bir ülke ve yeni bir toplum için savaşmaya devam edeceğiz..."

"Asıl devrim şimdi başlıyor. Bundan sonra mücadelemiz çok daha çetin olacak; çünkü bu kez silahlı mücadele vermeyeceğiz. Herkesin aynı haklara sahip olduğu yeni bir ülke ve yeni bir toplum için savaşmaya devam edeceğiz..."

Fidel, Küba Devrimi'ni gerçekleştirdiğinde yoldaşlarına böyle söylüyordu... Başlattığı toprak reformuyla çiftçiler, üzerinde çalıştıkları toprağa sahip olabilme hakkına kavuştu. Büyük toprak sahiplerinin topraklarına el konulup bölüşüldüğünde neredeyse 200 bin çiftçi az da olsa toprağa sahip olmuştu. Bu reform Fidel'i işçi sınıfının gözünde bir kahraman yaparken orta sınıfı biraz kızdırmıştı. Devrim karşıtı bazı zengin ve elit kesim, tüm varlıklarını da yanlarına alarak ABD'ye göç etti.

Fidel, fiyatları ve kiraları da düşürdü, eğitim seferberliğine girişti, herkese çalışma zorunluluğu getirdi. Eğitim ve çalışmayı bir araya getiren uygulamalar başlattı, yeni okullar, sınıflar açtı. Okulların kalifiye bireyler yetiştirmesine yönelik bir eğitim programı izledi. Okuma yazma seferberliği başlatarak okuryazarlık oranını yüzde doksanın üstüne çıkardı.

Hâkimlerin ve politikacıların maaşlarını düşürdü, az maaşlı devlet memurlarına zam yaptı. Yeni sağlık merkezleri açtı, ücretsiz medikal yardım, çocuklara yönelik aşı, doğum koşullarının iyileştirilmesi ve kırsal ile kentsel bölgelerde hizmet eşitliği sağladı. Bugün Kübalı doktorlar dünyanın birçok yerinde görev yapıyor, kanser konusundaki çalışmaları bilime farklı bir yön veriyor. İşte bu, Fidel'in devrim sonrasında başlattığı sağlık reformlarının bir sonucu...

Gerçekten asıl mücadele bu zaferin ardından başlamıştı. Fidel herkesin aynı haklara sahip olduğu yeni bir ülke ve yeni bir toplum yaratmak için bir dizi reform gerçekleştirmişti. Bu reformlar her ne kadar halk için yapılsa da ilk başta halka kabul ettirmek ve tüm tarafları memnun etmek mümkün görünmüyordu.

Bazen kazandığımız bir durumda daha fazla mücadele vermemiz gerekir... Hem bulunduğumuz konumu hak ettiğimizi ispatlamak isteriz hem de yerimizi sağlamlaştırmak. Kazandığımızı düşünüp bu zaferin sarhoşluğuyla koşmaya devam eder ve tek bir başarıyla hayatımızı tamamlayabileceğimizi, her şeyi hallettiğimizi düşünürsek bu büyük bir yanılgı olur. Çalışmayı bırakmak bizi hem köreltir hem de yeni başarılarla aramızdaki mesafeyi uzatır.

Fidel, bu sözlerinde silahsız bir devrimin zorluğuna da vurgu yapıyor. İdealindeki sosyal devleti kurmak, var olan ülke düzenini bozup dünya üzerinde yalnızca sayılı kez uygulanabilmiş bir devlet yaratmak Sierra Maestra'da verdiği mücadeleden daha zor görünüyor gerçekten.

Değişim bizi ileri taşıdığı sürece çok güzeldir. Bazı değişim adımlarının bizi geri sürükleyeceğini bilemeyiz. Bunun için öncelikle cesaretli olmak ve denemek gerekir. Sonrasında ise çaba harcamak, inanmak ve hiç durmadan çalışmak...

Tüm bu reformlara karşılık ülke ekonomisinde iyileşme görülmüyordu. ABD baskısında artan askeri harcamalar da ekonomide birtakım sarsıntılara yol açtı. Halk, ekonomik açıdan mutsuz olsa da Fidel'in eğitim, sağlık, barınma, altyapı gibi temel ihtiyaçların ücretsiz olmasına yönelik politikalarından oldukça memnundu. Ayrıca Fidel'in sahiplenici, gerekirse canını bile feda edecek türden kollayıcı tavırları ve vatanseverliği halkın gözünde onu çoktan üstün biri haline getirmişti. ABD'nin ekonomik ambargolarına rağmen iktidarı boyunca ideolojisinden vazgeçmeyerek bağımsızlık mücadelesini sürdürdü ve kapitalizmle savaştı.

"Ülkemiz halkına maddi zenginlik sunmak
için yoksul olsa da; eşitlik ve insanlık onuru
sunacak kadar zengindir!"

"Gerçek
yardımseverlik
dilenci kadar
açken onunla
ekmeğinizi
bölüşebilmektir.."

-VIII-

"Bir soyguncunun veya bir katilin yönetiminde, dürüst kişilerin yeri ya mezar ya hapistir..."

Günümüzde baskıcı yönetimler halkları üzerinde birçok alanda kısıtlamalar uyguluyor. Zaman zaman düşünce özgürlüğü bile yok sayılabiliyor, düşünceler sansürlenmeye kalkılıyor. Artık tek ceza şekli cezaevi değil... Modern toplumlarda insanın insana karşı kışkırtılması, sözlü ya da fiziksel saldırıya uğraması, yalnızlaştırılması, korkutulması, baskı ile hareket etmesinin sağlanması gibi birçok ceza var. Ve ne yazık ki toplumların her kesimi bir şekilde diktaya karşı geldiğinde bu ve benzeri şekillerde cezalandırılıyor.

"Bir soyguncunun veya bir katilin yönetiminde, dürüst kişilerin yeri ya mezar ya hapistir..."

Fidel'in bu sözü de gerçekliği yansıtan bir ironi aslında. Topluma hükmedenlerin ahlak ve ilkelerinin cana kastetmeye ya da çalmaya meyilli olması durumunda halkın zarar göreceğini anlatıyor. Dürüst kişilerin bu ahlakdışı davranışlara karşı geldiğinde, sorguladığında ölüm ya da hapis ile cezalandırılmasından söz ediyor.

Doğru söyleyeni dokuz köyden kovarlar misali... Eğer doğrularımız mutlak doğru olduğu halde birilerini rahatsız ediyorsa ve sadece bu nedenle bizi cezalandırmaya kalkıyorlarsa her zaman kendimizde suç aramamalıyız. Belki bizim doğrularımız birilerinin çıkarlarını yok ediyordur, oyununu bozuyordur.

"Gerçek yardımseverlik dilenci kadar açken onunla ekmeğinizi bölüşebilmektir..."

İnsanların birbirlerine yardım etmeleri, çevrelerine karşı duyarlı olmaları elbette ki görmeyi beklediğimiz, son derece insani bir davranıştır. Bugün dünya üzerinde çeşitli çevresel sorunlar, doğa katliamları, afetler, küresel ısınma, kadına, çocuğa, insana ve hayvana şiddet gibi birçok sorun bulunuyor. Bu sorunların çözümü için yine insana, bilinçli insana ihtiyaç duyuluyor.

"Bir şeyi bildiğimiz zaman ne kadar zenginsek başkalarına yardım etmediğimiz zaman da o kadar cimriyiz!

Kör bir insanın tek başına yürümesini anlayamıyor ve insanların hayatı körlük içinde yaşamasını kabul ediyoruz. Dünyada bu kadar çok ezilmiş insan olması bu yüzdendir..."

Her açıdan daha yaşanılır bir dünya yaratmak için bilinçli ve duyarlı olmaya ihtiyacımız var. Bizim için belki de hiçbir önemi olmayan ufacık bir dayanışma hamlemizin, paylaşımımızın bir yerlerde birilerini nasıl mutlu edeceğini, hayatına ne kadar büyük bir önem katacağını bilemeyiz...

"Dilenciye ekmek vermek yardımseverlik olamaz. Gerçek yardımseverlik dilenci kadar açken onunla ekmeğinizi bölüşebilmektir..."

Özellikle 2000'li yılların başından beri kurumların sosyal sorumluluk adı altında birçok alanda faaliyet gösterdiğini görüyoruz. Bireysel olarak da yardımda bulunabileceğimiz, içerisinde yer alabileceğimiz ve fayda odaklı yüzlerce oluşum var. Büyük küçük demeden herhangi bir alanda sorumluluk üstlenmek, yardımını esirgememek biz insanların görevi. Fidel'in sosyalist bakış açısında da yardımseverlik son derece önemli.

Aslına bakarsanız Fidel, gerçek yardımseverliği tanımladığı bu sözlerinde hiç de haksız değil. Yardım etmek biraz da halden anlamak, empati yapabilmektir.

Elimizde onca imkân varken muhtaç birini memnun etmek, ona yardım etmek bizim için ne kadar önemlidir ki? Koskocaman bir elma bahçemiz varken tek bir elmayı dalından koparıp bir çocuğa vermemiz bizim için büyük bir kayıp olamaz. Ama tek bir elmaya sahipsek yani elması olmayan biriyle şartlarımız hemen hemen eşitse ve elmayı en az karşımızdaki kişi kadar istiyorsak tek bir elmayı ikiye bölebilmemiz gerçek bir yardımseverlik olur!

Açlık ya da benzeri bir yoksunluk bizi bambaşka bir insan haline getiriyor olabilir. Paylaşmayı reddedeceğimiz kadar değerli bir şeye sahip olabiliriz. Ama bu zor şartlarda dahi duyarlı olabiliyorsak, bizimle benzer şartlardaki insanlarla empati yapabiliyorsak gerçek bir yardımsever olabiliriz.

Göstermelik yardımlar egomuzu tatmin etse de kişiliğimizi değiştiremez. Yalnızca kendi isteğimiz ve kendi kararlarımız ile değişebiliriz. Gerçek bir yardımsever miyiz yoksa yardım ederken elimizdeki imkânların yeterliliği ile egomuzu mu tatmin ediyoruz? Kendinizi test etmeye ne dersiniz?

Hiçbir zaman hayır diyemeyeceğiniz, çok sevdiğiniz ve paylaşılması mümkün bir şey satın alın. Bir çikolata, bir kitap serisi, rengârenk bir kalem seti... Ya da her neyse... Onu hemen paylaşmayı deneyin, sizin kadar ona ihtiyacı olan birini bulun... Paylaşın ya da tamamını ona verin... Birine yardım etmenin, onun mutlu olduğunu görmenin sizi nasıl daha fazla mutlu hissettirdiğini göreceksiniz!

"Amerika'da ihtiyaçlar bitmek bilmiyor... Çünkü artık ihtiyacı yaratan doğa değil, insanın kendisi! Mesela 1968 model bir otomobil sahibi, 1969'da otomobilini değiştirmezse kendisini mutsuz hissetmeye başlıyor. Bu gereksinimin yozlaşmasıdır!"

Bundan yarım asır önce, sanki şu an yaşadığımız dünyayı tarif etmiş Fidel. Söyledikleri kelimesi kelimesine bugünü de anlatıyor...

Artık neye ihtiyacımız olduğunu bilmiyoruz! Ne istediğimizi de... Sadece sahip olmak istiyoruz, harcamak, tüketmek! Bu bir çılgınlık. Dünyadaki birçok kaynak tükenmek üzereyken biz insanoğlu da tükenen kaynaklara daha fazlasını eklemek için var gücümüzle çaba gösteriyoruz. Sahip olduğumuz telefonun bir üst modeli çıktığında sabahı zor ediyoruz! Onu almaya koşarak gidiyoruz, belki de borç para bularak. İki senede bir arabamızı değiştiriyoruz, tüketici kredisini nasıl olsa bir şekilde öderiz... Evdeki koltuk takımını, buzdolabını, tableti... Her şeyi ama her şeyi değiştirmeliyiz, geri kalmamalıyız!

Bir çift ayakkabı daha, o kazağın mavisinden, yeni bir mayo ve belki bir gün mutlaka ihtiyaç duyarım diye düşünülerek alınmış sayısız gereksiz tüketim materyali... Tüketmezsek ölecekmişiz gibi geliyor! Elimizdeki tüm metaları vadesi dolmadan kullanım dışı bırakıyoruz. Gereksiz harcamalar, ihtiyaç dışı alışverişler nedeniyle ekonomimizi darmaduman ediyoruz...

Pazarlama faaliyetlerinin gelişmesi ve çılgınca boyutlara ulaşmasının da bu tüketim eforumuzda büyük payı var elbette. Artık "indirim" kelimesini duyduğumuz anda kulakları dikiyor, nerede tüketecek bir şey var diye ortamı koklamaya başlıyoruz...

"Devrim yapmak uğruna mücadele etmeyen birine komünist denilemez..."

"Çevremde beni
canlı görmek
isteyen dostlar
bulundurmalıyım..."

-IX-

"Ya bağımsız bir ülke ya da ölüm..."

Fidel'in reformlarının ardından toprakların ve şirketlerin kamulaştırılması, ülkede birçok yatırımı bulunan ABD'yi olumsuz etkiledi. ABD, bu durumda tazminat da alamayınca Küba'ya karşı ticari ve ekonomik bir ambargo uygulamakta buldu çareyi. Devrimin ardından ülkeyi terk ederek ABD'ye kaçan Kübalılar 1961 yılına gelindiğinde ABD'nin desteğini arkalarına alarak Fidel Castro'nun rejimini yıkmak amacıyla Domuzlar Körfezi Çıkarması isimli bir girişim başlattı. Bu girişim Fidel'in yönettiği Küba birliklerince başarısızlığa uğratıldı. ABD'li John F. Kennedy yönetimini küçük düşüren bu girişim sonrasında Fidel daha da güçlenerek tüm dünyadaki popülaritesini artırdı.

Girişimin bastırılmasının ardından Fidel, Havana Bildirisi'ni yayımlayarak yeni siyasal programını açıkladı ve ilk kez Küba'nın sosyalist politikalar izleyeceğini tüm dünyaya duyurdu. Havana Bildirisi'ni Devrim Meydanı'nda açıklarken onu bir milyondan fazla Kübalı dinliyordu.

1968'e kadar bağımsız sosyalist bir politika izleyen Fidel, daha sonrasında SSCB ile olan ilişkilerini kuvvetlendirdi ve Küba'nın sosyalist bir çizgiye yönelmesini hızlandırdı. ABD ambargosunu SSCB yardımları ile tolere etmeye çalıştı. Yıllar süren ambargoya rağmen dışa bağlı bir ülke olmamak adına mücadelesini sürdürdü. Dış siyasette bağımsızlık, ülke içinde ise kapitalizm mücadelesi verdi.

1960-1970'li yıllarda Fidel Castro efsanevi bir karaktere dönüşmüştü. Başarılarının da bunda payı büyüktü, yönetimi iyiden iyiye pekişmişti. Güney ve Kuzey Amerika'daki ülkeleri dolaşmaya gidiyor ve çok büyük ilgiyle karşılanıyordu. Büyük kalabalıklar onu dinlemek ve görmek için toplanıyor, artık popülist bir lider olarak ünü kendisinden önde gidiyordu.

Soğuk Savaş sonrasında SSCB'nin desteğinin kesilmesi ile ülkedeki ekonomik bunalım büyüdü. Fidel çareyi turizmde aradı. Küba'nın eşsiz sahilleri turizme açıldı, özel yatırımlara kısıtlı da olsa izin verildi.

"Yaşamak istiyorsam çevremde beni canlı görmek isteyen dostlar bulundurmalıyım..."

Fidel hayatı boyunca tehlikenin içinde oldu. Hakkında yüzlerce suikast emri verildi. CIA'in Fidel'i öldürmek üzere tam 638 suikast denediği sonradan ortaya çıkmıştı. Bunları bildiği halde hiç korunmadı, halkın içinde kaldı. Masa başında oturmayı sevmiyor ve önemli görüşmelerini bile halkın içinde yapıyordu. Ziyaret ettiği ülkelerde de halkı selamlamak için içlerine giriyor, olası bir tehlikeden korkmadığını açıkça belli ediyordu. Oldukça soğukkanlı bir liderdi. Suikast ihtimaline karşı "Etrafımda beni canlı görmek isteyen insanlar bulundurmalıyım..." diyordu.

Ölüm korkusu tanatofobi ismiyle de biliniyor. Bu korku kişinin gündelik yaşantısını, düşüncelerini hatta geleceğe yönelik planlarını olumsuz etkileyebiliyor. Hayatın tüm güzelliklerini ölümden korkarak kaçırmak ne kötü... Elbette fani bir canlı olarak kaçınılmaz son olan ölüme adım adım yaklaşıyoruz ancak sürekli bunu düşünmek, bu korkuyla hiçbir anın tadını çıkaramamak hayatımızı mahvedebilir.

İnsanlar canice birbirini katledebiliyor. Şiddet toplumlarda engellenemez bir hale gelmiş durumda. Çevremizdeki insanlar, sevdiğimiz dostlarımız, yakınlarımız bizi birçok anlamda etkiliyor. Pesimist düşüncelerle hayatını karartan birinin sürekli yanımızda olması hayat enerjimizi yerle bir edebilir. Hayattan zevk alan, yaşamayı seven ve hayatta olduğu zamanın kıymetini bilen insanların çevremizde olması ise en vazgeçtiğimiz anlarda bile bizi motive edebilir.

Yaşamak bir tutkudur. Bu tutkuyu kaybettiğimizde geçirdiğimiz günlerin bedenin sonsuz uykusundaki halinden ne farkı kalır? O yüzden yaşam enerjimizi sürekli yükseltip, motive olmalıyız. Bizi hayata bağlayan binlerce güzelliğin farkına varmalıyız. Güneşin doğuşu, yaprağın düşüşü, sağanak bir yağmur, lezzetli bir yemek... Yaşamdan keyif almanın, hayata tutkuyla bağlanmanın binlerce yolundan birkaç özet...

"Ya bağımsız bir ülke ya da ölüm!"

Fidel Castro ölümden hiç korkmadı. İdealleri uğruna hayatından vazgeçmeyi göze aldı. Küba halkı, gözünü böylesine karartmış, özgürlük vaat eden lideri adeta bir devrim simgesi haline getirmişti.

"Bu idealler
uğruna mücadele
etmeye devam
etmeliyiz..."

-X-

"Yakında 90 yaşına gireceğim ve ben de tıpkı diğer liderler gibi gideceğim..."

Fidel Castro 31 Temmuz 2006'da geçirdiği bir mide ameliyatı sonrası yaşadığı sağlık sorunları nedeniyle başkanlık görevini geçici olarak kardeşi Raul Castro'ya devretti. 2007 yılına gelindiğinde her yıl düzenlenen devrim kutlamaları ve 1 Mayıs kutlamaları ilk kez Fidel'siz yapılıyordu. Bir süre sonra artık koltuğunu bıraktığını tüm Küba'ya ve dünyaya duyurdu. 19 Şubat 2008'de 1976 yılından beri sürdürdüğü Devlet Konseyi Başkanlığı görevini bıraktığını açıkladı. Raul Castro Devlet Başkanı olarak başa geçti ve Fidel, emekli olduğunu halkına ilan etti.

"Ancak yetersiz ve beceriksiz olduğumu hissedersem istifa etmek görevim olur. Ben bunu anlayamamışsam yoldaşlarım benim yerimi alacaktır..."

Kübalı komünistlerin kendisinden sonra da devrim mücadelesini sürdürmelerini isteyen, tüm dünya ve insanlık için bunu yapmaları gerektiğini dile getiren Fidel, insani bir farkındalıkla görevini bıraktı. Daha önce belirttiği gibi yetersizlik hissi ona istifa kararını aldırdı.

Dünyevi hırslara kapılarak var olduğu yere adeta sabitlenen, konumunu, gücünü hangi şartlar altında olursa olsun asla terk etmek istemeyen insanoğlu için Fidel'in bu davranışı ilginç bir yaklaşım. Siz olsaydınız ne yapardınız? Bir halkı, ülkeyi yönetmeyi bir kenara bırakalım... Bir şirketin CEO'su ya da hâkimiyeti elinde bulunduran bir yöneticisiniz, sınıf başkanı, okul temsilcisi, başhekim, okul müdürü... Her ne ise... Yetkisi, gücü, unvanı olan birisiniz... Sadece yeteneksiz olduğumuzu düşünerek kaçımız görevini bırakır? Kaçımız sahip olduğu imkânları elinin tersiyle iter?

Gerçekten zor.

Ama her şeyden önce kişinin bu bilince sahip olması çok önemli. Kendini tanıması, yaşının farkında olması, sahip olduğu beceri ve yetkinlikleri bilmesi davranışlarının temelini de etkileyecek ve değiştirecektir.

"Yakında 90 yaşına gireceğim ve ben de tıpkı diğer liderler gibi gideceğim. Elbette hepimizin vakti gelecek. Fakat Kübalı komünistlerin hayalleri, düşünceleri bu dünya ve insanlık için yarar sağlamayı sürdürecek. Bu idealler uğruna mücadele etmeye devam etmeliyiz..."

Ölümünden kısa bir süre önce, 2016 yılının Nisan ayında Küba Komünist Partisi'nin kongresinde konuşma yapan Fidel, halkına böyle seslenmişti. Konuşmasında yaşamın sonsuz olmadığını kabulleniş, yaşlılığı hissediş ve bir veda havası duyuluyordu.

90 yıl süren bir hayat... İçerisinde savaşlar, devrimler, zaferler, yenilgiler, idealler ve daha nicesi mevcut. Fidel'in yaşamı boyunca ABD 11 başkan değiştirdi. Böyle bir yaşam sürmüş biri sanki ölümsüzmüş gibi geliyor.

Her şeyden önce insanın var olduğu yaşı kabullenebilmesi çok güzel. Kiminin korkulu rüyası olan yaşlılık ve ölüm kimi için son derece doğal ve kaçınılmaz son... Peki aslında hangisi daha özgür bir hayat sunar bize? Hayalimizdeki hayatın yolunu çizememiş, düşlerimizi gerçekleştirememiş olmak yaşlılığa olan isyanımızı artırıyor. Oysa geride yaşanmış birçok güzellik bırakacağımızı, yaşadığımız süre içerisinde hayal ettiğimiz her şeyi yaşadığımızı biliyorsak ne yaşlanmak korkutur ne de ölüm. Buna hazırlıklı olmak, bu bilince ulaşmak hayattan zevk almamıza, gözümüzün arkada kalmamasına zemin hazırlar.

Fidel'in hayatının büyük kısmı Küba'ya adanmıştı. İdeallerini gerçekleştirmiş, zafere ulaşmıştı. Bir gün o "vaktin" geleceğini biliyor ve buna göre yaşıyordu.

25 Kasım 2016 tarihinde kimine göre diktatör, kimine göre ise halk kahramanı olan, çok sevilen ya da nefret edilen lider Fidel Castro, hayatını kaybetti. Kardeşi Raul Castro ölüm haberini açıklarken, "Devrimin başkomutanı, hayatını kaybetti..." diyordu. 90 yaşında, tüm dünyaca tanınan, devrim simgesi olan lider çoklu organ yetmezliği nedeniyle sonsuz yolculuğa uğurlandı...

Küba'da 9 günlük yas ilan edildi. Halk gerçek bir mateme bürünmüş ve üzüntü içindeyken ABD'nin ve Küba'nın bir kısmı ise sokaklarda sevinç gösterisi yapıyordu. Kendi vasiyeti üzerine 27 Kasım'da naaşı yakıldı...

"Gerçek devrimci
Atatürk'tür...
Bu kadar büyük
bir devrim yaptım,
ama onun yaptıklarını
başaramazdım!"

-XI-

"Devrimci Mustafa Kemal Atatürk, bize ilham kaynağı oldu..."

Küba ve Türkiye farklı saflarda bulunan iki ülke aslına bakarsanız. Diplomatik ilişkiler uzun yıllar boyunca pek gelişmedi. Yalnızca 1962 yılında ABD ve Sovyetler Birliği arasında yaşanan, Ekim Füzeleri Bunalımı olarak da bilinen nükleer füze krizinde Küba'nın ve Türkiye'nin adı dolaylı olarak aynı satırlarda yazıldı. 1980 yılında Türkiye'nin Havana Büyükelçisi'nin göreve başlaması sonrasında iki ülke arasında temas başladı. Ziyaretler, toplantılar, çeşitli anlaşmalar bu tarihten sonra başlayan sıcak ilişkilerle ortaya çıktı.

"HABITAT toplantısı nedeniyle Türkiye'ye geldim. Bu geziden ve insanlardan çok etkilendim. Camiye ve kiliseye

gittim. Boğaz'a bakınca, kim olsa buraya köprü inşa eder diye düşündüm. Bebek ölümleri yüksek, bu oranı aşağı çekmelisiniz... Türkiye ile ilgili çok kitap okudum, ülkede çok fazla etnik köken var, bu bir gün sorun olabilir..."

Fidel Castro, 1990'lı yıllarda Birleşmiş Milletler HABITAT Zirvesi için İstanbul'a geldi. Atatürk Havalimanı'na geldiğinde basının ve halkın yoğun ilgisi ile karşılandı. Öyle ki basının bu ilgisine Fidel bile şaşırıyor, *"İlk kez gözüme bu kadar flaş çakılıyor!"* diyordu.

Tarihi Sultanahmet Camii'ni ziyaret ettiği sırada cami girişinde çıkardığı botlarındaki çatlaklar o dönemde basının gözünden kaçmamıştı. Fidel'in hayatında şatafata hiç yer olmadı, daima halktan biri gibiydi. Lüks meraklısı ya da paraya önem veren biri olmadığı yaşantısının her anında belli oluyordu.

"Benim için Türkiye'de olmak rüya gibi... Tarihte yolculuk etmek gibi... Tıpkı Márquez'in romanlarında yaşamak gibi..."

Türkiye'ye olan ilgisini birçok kere dile getiren Fidel, bu ziyaretini "rüya gibi" olarak yorumlamıştı. Dönemin devlet adamlarıyla yakın temas kuran Fidel, Türkiye'yle ekonomik ve ticari alanda işbirliklerine açık olduğunu da söyledi. Bu ziyaret sonrasında Ankara ve Küba arasındaki ilişkiler ilerlemeye başladı.

"Türkiye'yi yakından takip ediyorum. Atatürk, büyük bir insan ve büyük bir askerdi. Çok önemli bir fikir adamı olarak tarihe geçti, tarih yazdı..."

İstanbul'da karşılaştığı ilgi, Fidel'e bürokratlarına Türkiye ile ilişkileri geliştirme talimatı vermesini sağlayacaktı. Bir süre sonra Küba'daki sağlık sistemini incelemek üzere Türk Sağlık Heyeti Küba'ya gitti. Fidel ile görüşen Türk yetkililerin büyük çoğunluğu onun Türkiye ve Atatürk hakkındaki bilgisine şaşırıyordu...

"Devrimci Mustafa Kemal Atatürk, bize ilham kaynağı oldu. 1919'da Anadolu'dan emperyalistleri atmak için, Bandırma vapuruyla Samsun'a çıktı ve büyük bir galibiyet kazandı. Biz de ondan tam 40 yıl sonra, ülkemizde faşist Batista rejimini yıkmak için Granma gemisiyle Havana'ya çıktık. Biz de galibiyetle kucaklaştık."

Küba'da kendi büstünün yapılmasına bile izin vermeyen Fidel, Havana'daki Puerto Caddesi'nde bulunan bir parka Atatürk'ün büstünü yaptırdı. Küba'da bulunan tek Türk devlet adamı büstünün Mustafa Kemal Atatürk'e ait olması, Fidel'in Atatürk hayranlığının bir göstergesi kuşkusuz. Büstün altında Atatürk'ün doğum ve ölüm tarihleri ile "Türkiye Cumhuriyeti'nin Kurucusu" yazıyor. Atatürk'ün "Yurtta barış, dünyada barış" sözü de hem Türkçe hem de İspanyolca olarak büstün üzerinde yazılı.

"Gerçek devrimci Atatürk'tür... Bu kadar büyük bir devrim yaptım ama onun yaptıklarını başaramazdım... Sakın kendinize başka bir önder aramayın. Türkler sağdan sola doğru okurken harf devrimi ile tam tersi yönde okumaya başladı. Kıyafet devrimi ve Medeni Kanun'la kadınlara getirilen haklar çok önemliydi. Atatürk'e ve devrimlerine hayranım."

Türkiye ile Küba'nın tarihinde birçok benzerlik bulunuyor. İki ülke de bağımsızlığını kazanmak uğruna birçok savaştan geçti. Türkiye'de Mustafa Kemal Atatürk, Küba'da ise Fidel Castro benzer amaçlar uğruna hayatlarını halkın kurtuluşuna, özgürlüğe ve daha iyi bir ülkeye olan inançlarına adadılar. Bugün geldiğimiz noktada biz Atatürk'e nasıl minnet duyuyor, devrimlerinin ışığı ile karanlıkları aydınlatıyorsak Küba halkı da Fidel Castro'ya aynı minneti hissediyor.

Bazı liderler tarihin gidişatını değiştirir. Virane halindeki bir ülke, yıkılmış bir halk ancak Atatürk ve Fidel Castro gibi liderlerin devrimleri ile yeniden aydınlık geleceğe ulaşabilirdi. Fidel'in hayranlık duyduğu Mustafa Kemal Atatürk sayesinde bir ulus yeniden doğdu, sömürüden, zulümden kurtuldu. Atatürk devrimleri ile filizlenen tohumlar, bugün Türkiye'nin bağımsızlığının yeşerdiği bir ormana dönüştü. Onun ilkeleriyle yetişmiş nesiller ülkenin aydınlık geleceği için çaba sarf etmeye devam ediyor... Tıpkı Fidel'in Küba'sında da olduğu gibi...

"Devrimin amacını kavramış olanlar daima onu muhafazaya muktedir olacaklardır."

Mustafa Kemal Atatürk'ün devrim mücadelesindeki bu sözü, Fidel'in hayatının son anlarında Kübalı devrimcilere seslenişini hatırlatıyor:

"Kübalı komünistlerin hayalleri, düşünceleri bu dünya ve insanlık için yarar sağlamayı sürdürecek. Bu idealler uğruna mücadele etmeye devam etmeliyiz..."

Hoşça kal Comandante!